EDIÇÃO GERAL
T&S – Texto e Sistema Ltda.

REVISÃO
Cecília Martins

PROJETO GRÁFICO E DIAGRAMAÇÃO
Diogo Droschi

Dados Internacionais de Catalogação na Publicação (CIP)
(Câmara Brasileira do Livro, SP, Brasil)

Junqueira, Sonia
 Fidenco / Sonia Junqueira ; ilustrações Diogo Droschi. – 1. ed. –
Belo Horizonte : Autêntica Editora, 2014.

 ISBN: 978-85-8217-333-6

 1. Literatura infantojuvenil I. Droschi, Diogo. II. Título.

14-00498   CDD-028.5

Índices para catálogo sistemático:
1. Literatura infantojuvenil   028.5 2
2. Literatura juvenil   028.5

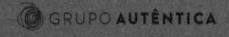 GRUPO **AUTÊNTICA**

Belo Horizonte
Rua Aimorés, 981, 8º andar . Funcionários
30140-071 . Belo Horizonte . MG
Tel.: (55 31) 3214 5700

Televendas: 0800 283 13 22
www.grupoautentica.com.br

São Paulo
Av. Paulista, 2.073, Conjunto Nacional,
Horsa I . 23º andar, Conj. 2301 . Cerqueira César
01311-940 . São Paulo . SP
Tel.: (55 11) 3034 4468

Sonia Junqueira

Fidenco

Ilustrações:
Diogo Droschi

autêntica

Pro Laertes,
o amigo do Fidenco.

Ele entrou no quintal e na
minha vida por um buraco na cerca.
Era mirradinho, de um branco
meio sujo, pintado de vermelho,
mas parecia saudável e esperto:
os olhinhos brilhavam, e a cabeça
pequena tombava sem parar, com
ritmo, prum lado, pro outro.

Bem que perguntei na vizinhança:
não era de ninguém, devia ter vindo de
muito longe. Ficou sendo meu. Batizei
de Fidenco por causa do Nico Fidenco,
o cantor italiano que minha mãe adorava,
e porque ele tinha mesmo cara de Fidenco.

Desde o primeiro dia a gente se deu
bem. Ele viu em mim um amigo, eu senti
que ele me entendia: tinha um jeito de
ficar parado me olhando, a cabecinha
meio torta, e seus olhos me diziam coisas.

A gente brincava muito no quintal: eu fazendo arapucas pra pegar passarinhos (depois soltava, queria só o prazer de pegar...), desenterrando minhocas pra ele ou fazendo boizinho de chuchu pra ele bicar, desenhando com uma faca cega na terra batida, subindo na mangueira velha, comendo goiaba ou deitado de barriga pra cima conversando com as nuvens. Ele, sempre perto de mim. Não ligava pras galinhas nem pro galo que moravam no quintal. Nem pra Dominique, a macaquinha que vivia correndo atrás dele.

Já tinha virado gozação:

– O Fidenco pensa que você é a mãe dele!

– Dá um filme, *O menino e o pintinho dele*!

– Tem até um livro, *O menino e o pinto do menino*, conhece? Vai ver, o autor se inspirou em você e no Fidenco...

– Parece que ele tem ciúme de você!

– Quem sabe ele acha que você é o Piu-Piu?

– Onde já se viu, você andando pra todo lado com esse pinto debaixo do braço? Vai levar pra escola também? (Bem que eu queria, mas não iam deixar...)

11

Eu não ligava: deviam estar é com inveja. Afinal, que menino por ali tinha um amigo que nem o Fidenco? A gente conversava horas, eu falando, ele escutando, às vezes piando baixinho pra me dizer que compreendia, que era solidário, que tinha gostado, que alguma coisa parecia esquisita, que era contra, que eu tomasse cuidado, que queria mais, que eu era o melhor amigo do mundo!

Ficou sendo a única pessoa da casa com quem eu podia falar tudo. A única que me entendia.

Fomos crescendo, ele e eu. Mais eu do que ele: lá pelas tantas, descobrimos que era um garnisé, ia sempre ser pequeno. Mas tinha crescido um pouco, estava gordinho, já não era mais mirrado.

A gente era feliz naquele quintal.

Um dia, minha mãe veio correndo
com alguma coisa na mão:
— Filho! O Fidenco botou um ovo!

Foi um susto só. Fidenco não era ele, era ela!
Fiquei um tanto chocado, mas logo me recuperei:
não tinha a menor importância. A gente era amigo...
amiga... amigo?... pra qualquer coisa.

Tentei arrumar a situação:

– Você agora vai se chamar *Signora* Fidenco,
pra continuar em italiano.

Mas não pegou. Fidenco era, Fidenco ficou. Ele... ela, minha amiga garnisé. E dali em diante todos os ovos que Fidenco botava eram meus, pra comer ou pra chocar. Até escondi dois no meio de outros, no choco de uma galinha caipira: os pintinhos nasceram mas não vingaram, fraquinhos demais...

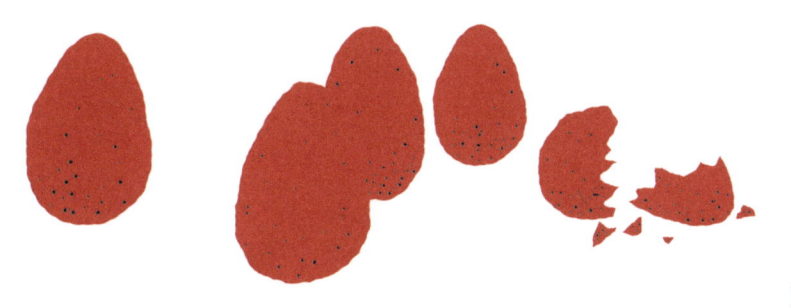

Um outro dia, meu pai chegou, reuniu
a família e avisou:

– A gente vai morar na capital. Vocês estão
crescendo, precisam de boas escolas, lá tem
mais opções.

Ficou dito. Dali a cinco meses a gente ia embora.

– Posso levar o Fidenco?

– Infelizmente não, filho. A gente vai morar
em apartamento, não vai ter quintal, não dá pra
ter bicho.

Meus irmãos adoraram. Minha mãe se animou. Mas eu... Parecia que eu ia desmanchar de tristeza. Até que também gostava da ideia de morar na capital, em apartamento, ver coisas diferentes, ir pra escola de ônibus, aquelas lonjuras, tanto prédio, devia ser bom, pensava. Mas... e o Fidenco? O que seria de mim sem ele? E ainda pior: o que seria dele sem mim? Quem ia gostar tanto dele? Cuidar do jeito que eu cuidava? Proteger? Conversar?

Foram dias muito tristes. Custei a ter coragem de contar pro Fidenco. Ele ouviu, quietinho, a cabecinha torta, os olhinhos brilhantes grudados em mim – e, embora ninguém acredite, juro que vi uma lagriminha escorrendo pelo bico dele. Peguei meu amigo – quer dizer, minha amiga – no colo e abracei apertado, a saudade já começando.

O tempo passou depressa. Nossa casa foi sendo desmontada, empacotada, embrulhada, etiquetada, despachada. Resolveram que a vizinha, dona Jurema, ia ficar com os bichos: a macaquinha Dominique, os passarinhos do meu irmão, o galo, as galinhas. E o Fidenco.

– Ela vai cuidar bem dele, filho, fique tranquilo. Dona Jurema é muito boa.

Ela até podia ser boa, eu pensava, mas não era eu. E ninguém entendia isso, só o Fidenco.

Um dia, chegou o dia de ir embora. De despedida, dona Jurema ofereceu um almoço: a gente não tinha mais casa ali. Os bichos já estavam todos no quintal dela. Era almoçar e ir pra estação pegar o trem pra capital.

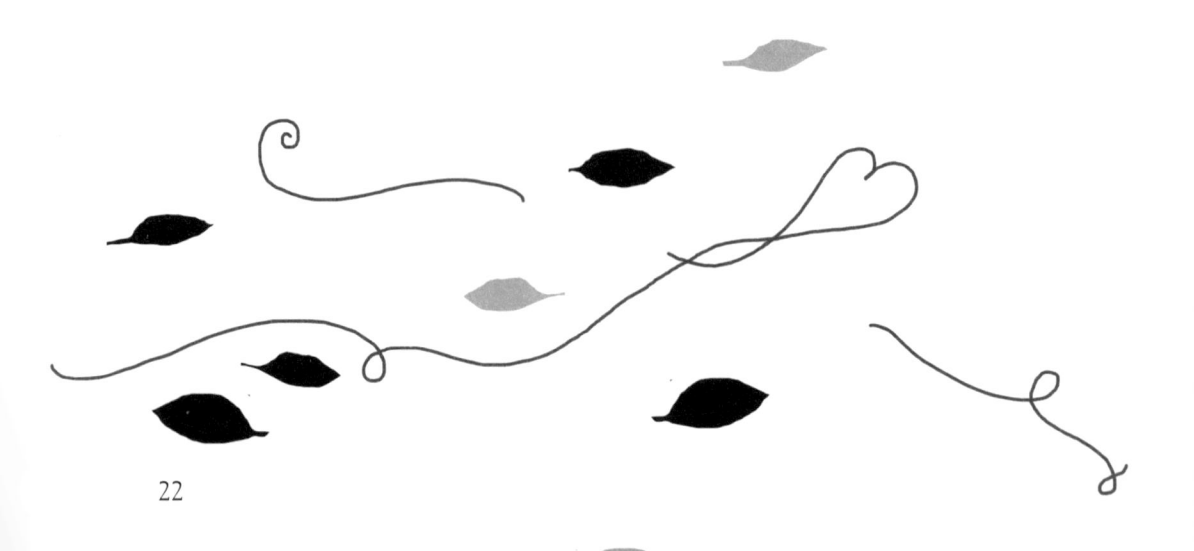

Eu ia ver o Fidenco pela última vez.

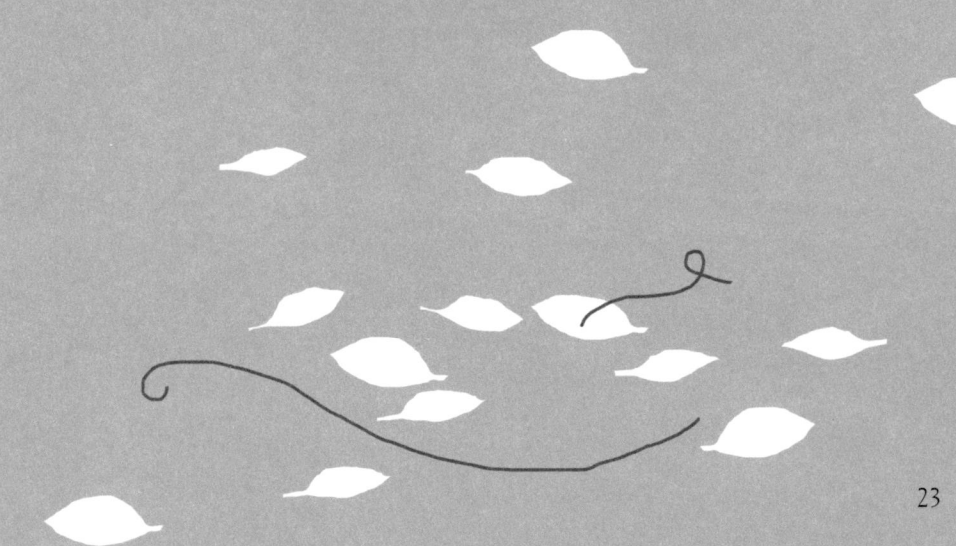

A mesa era grande, cabia nossa família e a família da dona Jurema. A comida era farta, arroz, macarronada, maionese, salada, frango assado – três: dois grandes, um pequeno. Muito pequeno. Mirrado mesmo... Fiquei olhando e senti uma coisa no estômago, um soco, uma dor, um nó... Em volta de mim, todo mundo falava, contava, ria, mas eu sentia medo, muito medo.

Levantei e saí correndo pra cozinha e dali pro quintal, sem ligar pra minha mãe, que gritava:
– O que é isso, menino?! É falta de educação desembestar desse jeito pela casa dos outros! Volte aqui, já!
Mas não voltei: o que eu queria era ir, chegar logo e abraçar o Fidenco, ver a cabecinha torta e aqueles olhinhos espertos olhando pra mim, me entendendo.

Só que Fidenco não estava no quintal. Não estava no galinheiro, em nenhuma árvore, nem embaixo do tanque, nem dentro dos balaios perto da cerca. Fidenco não estava em nenhum lugar. E entendi que não ia estar, porque ele não existia mais. Ele, agora, era aquele franguinho assado em cima da mesa, miúdo, mirradinho mesmo, dourado e frio.

Voltei pro meu lugar. Os outros vieram pra mesa em silêncio, todos me olhando com pena. Dona Jurema, sem graça, ainda tentou explicar pra minha mãe:

– Eu não sabia, juro! Não podia imaginar...

E começou a servir, o barulho dos talheres e dos pratos puxando a conversa, e dentro de mim foi crescendo uma coisa enorme, um oco, uma dor. Empurrei meu prato pro lado, puxei a travessa com o Fidenco e comecei a comer. A comer, não: a devorar ele. Uma coxa, outra, as asas, o peito... Minhas lágrimas escorriam e pingavam e se espalhavam no que ia sobrando do Fidenco.

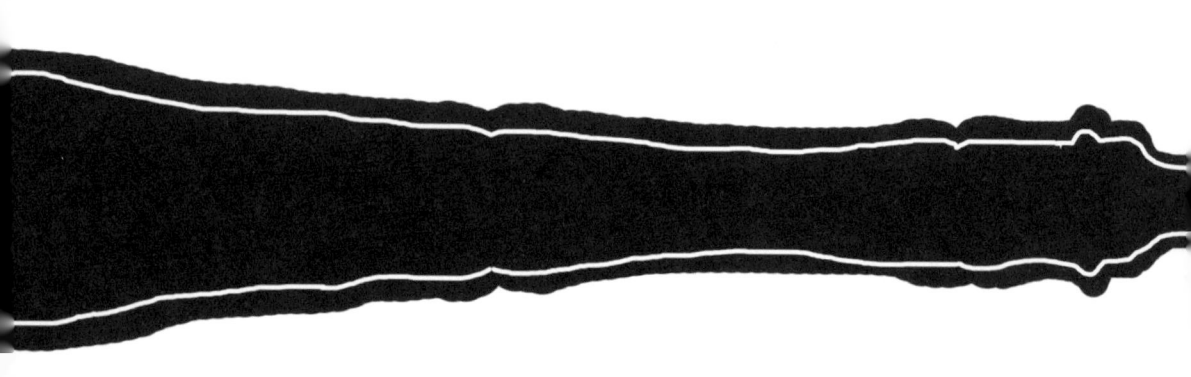

Meu amigo, agora, era aqueles ossos miúdos esparramados no prato. Só.

Não me arrependi. O Fidenco também
não ia querer que outra pessoa comesse ele.
Só eu.

Era mais um jeito dele
viver pra sempre dentro de mim.

A autora

Nasci e passei parte de minha vida em Três Corações, no sul de Minas. Morávamos em casa com quintal, e meus irmãos e eu brincávamos muito ali, criávamos bichos, inventávamos histórias e brincadeiras, subíamos em árvores, a fantasia corria solta.

Um dia, um pintinho apareceu não se soube de onde e foi "adotado" pelo meu irmão caçula, que tinha uns 5, 6 anos. Fidenco teve uma história linda e trágica, que passou a fazer parte do folclore da família.

De uns tempos pra cá, me deu vontade de contá-la. Sempre gostei muito do livro *O menino e o pinto do menino*, de Wander Piroli, e do conto "Uma galinha", de Clarice Lispector. São histórias bonitas e emocionantes. Então, pensei: por que não contar a história do Fidenco pras pessoas? Ela também é emocionante, pelo menos eu acho. E emoção é sempre bom de sentir.

A maior parte dos fatos é verídica, aconteceu mesmo. Inventei um pouquinho, porque ninguém é de ferro e porque escritor que se preze tem de inventar quando conta, senão não é escritor, é jornalista.

Quando o texto ficou pronto, pedi pro Diogo Droschi ilustrar. Ele é muito bom em criar desenhos que emocionam, que comovem. Toda vez que olho pras ilustrações deste livro, que vão crescendo lindas, delicadas, e contando uma história paralela de amizade e de carinho, fico arrepiada. E feliz: com este livro, o Fidenco encontrou mais um jeito de ficar pra sempre dentro da gente.

Sonia Junqueira

O ilustrador

Nasci em 1983, em Belo Horizonte, Minas Gerais, onde ainda moro e onde me formei em Design Gráfico pela UEMG e em Artes Gráficas pela Escola de Belas Artes da UFMG. Para a Autêntica Editora, ilustrei os livros *Histórias daqui e d'acolá*, *Vagalovnis*, *Desenrolando a língua*, *Ouro dentro da cabeça*, *Micrômegas* e *Zito que virou João*.

Fidenco vem cheio de sentimento, de vibração. É uma história que se constitui na confluência de memória e afeto, e traduzir isso em imagens foi desafiador. Nesse processo, descobrir a aparência figurativa do texto foi só o primeiro passo, o mais literal; em seguida foi necessário decifrar seus códigos, seus símbolos, abstrair sentidos e sentimentos, deixar que Fidenco passasse a existir também dentro das formas. Espero que ele passe a existir dentro de cada leitor deste livro.

Droschi